Learning to Get Along®

Join In and Play
Participa y juega

Cheri J. Meiners, M.Ed.

Ilustrado por Meredith Johnson
Traducido por Edgar Rojas, EDITARO

free spirit PUBLISHING®

Library of Congress Cataloging-in-Publication Data

Names: Meiners, Cheri J., 1957– author. | Johnson, Meredith, illustrator. | Meiners, Cheri J., 1957– Join in and play. | Meiners, Cheri J., 1957– Join in and play. Spanish.

Title: Join in and play = Participa y juega / written by Cheri J. Meiners, M.Ed ; illustrated by/ilustrado por Meredith Johnson ; translated by/traducido por Edgar Rojas.

Other titles: Participa y juega

Description: Minneapolis, Minnesota : Free Spirit Publishing, 2019. | Series: Learning to get along | English-only edition published: 2004. | Audience: Ages: 4–8. | Text in both English and Spanish.

Identifiers: LCCN 2018060047 | ISBN 9781631984402 | ISBN 1631984403 | ISBN 9781631984419 (Web PDF) | ISBN 9781631984426 (ePub)

Subjects: LCSH: Play—Juvenile literature. | Social skills—Juvenile literature. | Friendship—Juvenile literature.

Classification: LCC GV1203 .M3718 2019 | DDC 649/.57—dc23 LC record available at https://lccn.loc.gov/2018060047

Cover and interior design by Marieka Heinlen
Edited by Marjorie Lisovskis
Translation by Edgar Rojas, EDITARO

Printed by: 590835
Printed in: Taiwan

Free Spirit Publishing
An imprint of Teacher Created Materials
9850 51st Avenue North, Suite 100
Minneapolis, MN 55442
(612) 338-2068
help4kids@freespirit.com
freespirit.com

FSC
www.fsc.org
MIX
Paper | Supporting responsible forestry
FSC® C199765

Dedication

To the princess of charm, who bubbles with laughter and affection, Andrea Rose

Dedicatoria

Para Andrea Rose, un amor de princesa que encanta con su risa y cariño

Magic Tricks
Trucos de magia

I like to play.
I can do lots of things alone.

Me gusta jugar.
Puedo hacer muchas cosas sola.

Sometimes, I'd rather play with a friend.

A veces prefiero jugar con un amigo.

When I see someone I'd like to play with, I can walk up and smile as I say hello.

Cuando veo a alguien con quien me gustaría jugar, puedo acercarme y le sonrío cuando lo saludo.

The person might be looking for a friend too.

Esa persona también podría estar buscando un amigo.

I can tell something about me or ask a question.

Puedo contar algo sobre mí o hacer una pregunta.

I can listen.

Puedo escuchar.

I can answer in a nice way.

Puedo responder de una manera agradable.

Sometimes my friend invites me to play along.

A veces mi amigo me invita a que juguemos juntos.

I can also ask to play.

También puedo preguntar si puedo jugar.

I might think of a way to join in.

Podría pensar en una manera de participar.

When I ask to join in, people might say no.

Cuando pregunto si puedo participar, alguien podría decir que no.

I can ask again later.
Or I can look for a different friend to play with me.

Puedo preguntar de nuevo más tarde.
O puedo buscar a otro amigo para que juegue conmigo.

If I need help joining in, I can ask a grown-up.

Si necesito ayuda para poder participar, puedo preguntarle a un adulto.

Can I play too?
¿Puedo jugar también?

I can invite someone to play with me.

Puedo invitar a alguien para que juegue conmigo.

I can tell my ideas and listen to other ideas too.

When we share ideas, we are cooperating.

Puedo expresar mis ideas y también escuchar otras ideas.

Cuando compartimos las ideas, estamos cooperando.

I can play with more than one friend.
My friends can too.

Puedo jugar con más de un amigo.
Mis amigos también pueden jugar con alguien más.

I want everyone to get along.

Quiero que todos se lleven bien.

Sometimes I lose a game, or get picked last, or don't get a turn.

A veces pierdo un juego, me pueden escoger última o debo esperar mi turno para jugar.

I can still have fun.
And things might go better next time.

De todos modos puedo divertirme.
Y me puede ir mejor la próxima vez.

When things don't go well for someone else, I can say something kind.

Cuando alguien no la está pasando bien, puedo decir algo amable.

A person may do something that I don't think is fair.

Alguien puede hacer algo que no creo que sea justo.

I can say how I feel.

Puedo decir cómo me siento.

If I also listen to how the other person feels, we may solve our problem.

Si también escucho cómo se siente la otra persona, podemos resolver nuestro problema.

Okay. I'm almost done.
Está bien, ya casi termino.

I can play fair and follow the rules.
I can listen and speak kindly.
I can share and wait my turn.

Puedo jugar limpio y seguir las reglas.
Puedo escuchar y hablar amablemente.
Puedo compartir y esperar mi turno.

I can show respect.

Puedo ser respetuosa.

When I join in and play, I can make friends by being a good friend.

Cuando participo y juego, puedo hacer amigos siendo buena amiga.

Ways to Reinforce the Ideas in *Join In and Play*

As you read each page spread, ask children:

- What's happening in this picture?

Here are additional questions you might discuss:

Page 1

- What are some things you like to play when you're by yourself?

Pages 2–11

- What are some things you like to do with a friend?
- When you want to join in and play with someone, what can you do? (*Discuss ideas like saying hello; watching for a while to show interest and to figure out a way to join in; asking a question or starting a conversation; asking to play; and suggesting a way to join in. For example, on page 11, the girl might offer to turn the rope so the boy could jump.*)
- If you are playing and see someone who might like to join you, what can you do? What can you say?

Pages 12–13

- Is it ever okay to say no when someone wants to play with you? When are some times people might say no? What are some nice ways to say no?
- If you ask to join in and someone says no, what can you do?
- Do you think these children could have found a way to say yes? What could they have done?

Pages 14–15

- When might you need help joining in?
- Who are some grown-ups who can help you?

Pages 16–21

- Have you ever invited someone to play? What did you say?
- Why is it fun to play games with other people?
- What does it mean to cooperate? How are these children cooperating?
- What are some ways you cooperate when you play?

Pages 22–23

- How does this boy feel? What do you think he will do?
- Have you ever been sad because someone wouldn't play with you? What did you do?

Pages 24–27

- What problem do these children have? How did the children solve their problem?
- What can you do when you feel someone isn't being fair to you?

Pages 28–29

- What are these children doing to get along?
- What is respect? How does taking turns (following rules, playing fair) show respect? *(You might explain respect by saying, "When you show respect to people, you show that you think they are important.")*

Pages 30–31

- How are these children being good friends?
- Think about children you play with. How do they show that they are good friends?
- What can you do to be a good friend?

Join In and Play teaches beginning skills children can use to join and welcome others in play. Playing cooperatively is a complex activity for young children, involving a mix of skills and understandings. Observation helps children be aware of other people's actions, feelings, and needs. Cooperation begins when children are able to both assert themselves appropriately and develop a welcoming attitude toward others. Being a good sport teaches others to reciprocate. Playing fair involves several skills: following game rules, taking turns, sharing, listening, expressing feelings, speaking with kindness, cooperating, compromising, and solving problems.

Here are three guidelines you can use to support children as they develop skills for playing with others:

1. Watch and listen.

2. Ask and invite.

3. Play fair.

"Joining In" Games

Read this book often with your child or group of children. Once children are familiar with the book, refer to it when teachable moments arise involving both positive behavior and problems related to playing together. In addition, use the following activities to reinforce children's understanding of how to join together and play (adapting them as needed for use with a single child).

"Play" Practice

Preparation: Collect some toys and games to be used as props. On index cards, write prompts similar to the following. Place the cards in a bag.

Sample Prompts:

- Ask, "May I play with you?"
- Ask, "What are you doing?"
- Ask, "Can I have a turn?"
- Say, "That looks like fun."
- Ask, "Can I use that when you're done?"
- Ask, "Do you want a turn?"
- Ask, "Would you like to play with this now?"
- Ask, "What do you want to play?"
- Say, "You can go first."
- Ask, "Do you want to play with me?"

After a child draws a card, read or have the child read it aloud. Invite the child to choose a toy, approach a nearby child, and say what is on the card. The two children can then briefly act out a scene of joining in to play. Encourage the exchanges and play to continue for a short time, prompting and assisting as needed. The child who was approached can then draw the next card and approach a different child. Continue play until each child has had a turn drawing a card.

What Would You Do?

Present a play-related problem situation to children and discuss possible solutions with the whole group. Then break children into small groups of two to four. Tell each group to decide on one way to help solve the problem. Monitor how the groups are doing and help guide their discussions as needed. Allow groups three or four minutes to talk about the problem. Then have the small groups take turns telling their ideas to the whole group. Use the following examples of problems that occur during play (or make up your own).

Examples: Someone called someone else a mean name, tried to be the boss of the game, pushed another person who was in line for the slide, took something someone else was using, wanted to follow different game rules, left in the middle of a game.

Possible Solutions: Let children know that there are several appropriate responses. Among other choices, these might include: telling the person how you feel, ignoring what someone did, talking to an adult, thinking of a way to be friendly next time you see the person, calmly reminding the person of the rule, and smiling. Remind children that it is always best to "treat others as you want to be treated," and not to respond unkindly in return.

I Have Lots of Friends

Have children place chairs in a circle, with one chair too few. Invite one child to stand in the center of the circle while the others sit. Ask the standing child to think of a favorite activity (for example, playing tag at recess). Then have the child call out, "I have lots of friends who like to play tag at recess." Those who like to play tag jump up and join the child in the middle. Then all scramble for a new seat, and the one left standing is the next caller. If needed, help callers come up with other play ideas (for example, building towers, dressing up, swings, card games). During or after the game, discuss the activities the children mentioned, and talk about which children liked each activity. Help children recognize that there are many friends to invite and ask to play, and discuss ways they might form groups and play together.

"We Are Friends" Mural

Materials: Slips of paper with children's names written on them; drawing paper, crayons or markers, pencils or pens

Place the name slips in a bag or other container. Have each child draw the name of another child in the group. (If your group has an uneven number of children, draw the name of a child who will draw two names from the container.) Say: "We are going to make a mural that shows how we can play with different friends. On your paper, draw a picture of yourself playing with the friend whose name you drew." When children are done drawing, have them write (or dictate for you to write) a description of what they are doing with their friends in their pictures. The pictures may depict actual or imagined play. Each child will be featured in two pictures; one drawn by the child and one by a classmate. Display the pictures as a mural on the bulletin board or along a wall. Label the mural "We Are Friends."

Other Suggestions for Helping Children Join In and Play

Encourage smiles and laughter. Humor is an important part of children's healthy social and emotional growth. Encourage and join in riddle- and joke-telling, silly dress-ups, exaggerated expressions and voices. Enjoy laughing together at appropriate times. Children who develop humor also develop assertiveness and empathy for others—both important traits in making friends. Children who can laugh at situations and have fun are sought out by other children. Potential conflicts can also be averted at times with humor or a smile.

Encourage and reinforce inclusive play. Encourage your child or group to be kind to all children; especially those who are new or who are looking for a friend. Applaud friendliness, taking turns willingly, and sporting attitudes. At home, provide a welcome atmosphere for your child to play with friends; be available to guide children to play cooperatively. At school, encourage children to welcome newcomers, to initiate play with different friends as well as with familiar ones, and to be creative in finding ways to invite and include others in play.

Maneras de reforzar las ideas en *Participa y juega*

Al leer cada página, pregunte:

- ¿Qué está pasando en esta imagen?

Estas son algunas preguntas adicionales que puede hacer:

Página 1

- ¿A qué te gusta jugar cuando estás solo?

Páginas 2 a 11

- ¿Qué cosas te gusta hacer con un amigo?
- Cuando quieres participar y jugar con alguien, ¿qué puedes hacer? *(Presente ideas como saludar; mirar un rato para mostrar interés y encontrar una manera de participar; hacer una pregunta o iniciar una conversación; preguntar si puedes jugar; sugerir una manera de participar. Por ejemplo, en la página 11, la niña podría ofrecer girar la cuerda para que el niño pueda saltar).*
- Si estás jugando y ves a alguien a quien le gustaría jugar contigo, ¿qué puedes hacer? ¿Qué puedes decir?

Páginas 12 y 13

- ¿A veces es correcto decir no cuando alguien quiere jugar contigo? ¿En qué situaciones podemos decir que no? ¿Cuáles son algunas de las buenas maneras de decir no?
- Si pides que te dejen jugar y alguien dice que no, ¿qué puedes hacer?
- ¿Crees que estos niños podrían haber encontrado una manera de dejarte jugar? ¿Qué podrían haber hecho?

Páginas 14 y 15

- ¿Cuándo podrías necesitar ayuda para participar en un juego?
- ¿Quiénes son algunos de los adultos que pueden ayudarte?

Páginas 16 a 21

- ¿Alguna vez has invitado a alguien a jugar? ¿Qué dijiste?
- ¿Por qué es divertido jugar con otras personas?
- ¿Qué significa cooperar? ¿Cómo están cooperando estos niños?
- ¿Cuáles son algunas maneras en que cooperas cuando juegas?

Páginas 22 y 23

- ¿Cómo se siente este niño? ¿Qué crees que hará?
- ¿Alguna vez te has sentido triste porque alguien no quiere jugar contigo? ¿Qué hiciste?

Páginas 24 a 27

- ¿Qué problema tienen estos niños? ¿Cómo resolvieron su problema?
- ¿Qué puedes hacer cuando crees que alguien no está siendo justo contigo?

Páginas 28 y 29

- ¿Qué están haciendo estos niños para llevarse bien?
- ¿Qué es el respeto? ¿Cómo es que esperar el turno (seguir las reglas, jugar limpio) demuestra respeto? *(Puede explicar el respeto diciendo: "Cuando respetas a las personas, demuestras que piensas que son importantes").*

Páginas 30 y 31

- ¿Cómo están siendo buenos amigos estos niños?
- Piensa en los niños que juegan contigo. ¿Cómo demuestran que son buenos amigos?
- ¿Qué puedes hacer para ser un buen amigo?

Participa y juega enseña las habilidades iniciales que los niños pueden poner en práctica para participar e incluir a otros niños en los juegos. Jugar en cooperación es una actividad compleja para los niños pequeños que requiere de una mezcla de habilidades y conocimientos. Poner atención los ayuda a ser conscientes de las acciones, sentimientos y necesidades de las otras personas. La cooperación comienza cuando los niños pueden mantener firmes sus decisiones de una manera apropiada y a su vez pueden desarrollar una actitud de aceptación hacia los demás. Tener un sentido de tolerancia enseña a otros a actuar de igual manera. Jugar limpio implica varias habilidades: seguir las reglas del juego, tomar turnos, compartir, escuchar, expresar sentimientos, hablar con amabilidad, cooperar, llegar a un acuerdo y resolver problemas.

Ponga en práctica las siguientes tres pautas para apoyar a los niños a medida que desarrollan las habilidades para jugar con los demás:

1. Pon atención y escucha.

2. Pregunta e invita.

3. Juega limpio.

"Participa" en los juegos

Lea este libro con frecuencia a su hijo o a un grupo de niños. Una vez que los niños estén familiarizados con la lectura, téngala en cuenta cuando surjan momentos de enseñanza que involucren conductas positivas y problemas relacionados con juegos en grupo. Además, lleve a cabo las siguientes actividades para reforzar la comprensión de los niños sobre cómo participar y jugar en grupo y adáptelas cuando sea necesario para ponerlas en práctica con un solo niño.

"Juego" de práctica

Preparación: Reúna algunos juguetes para usarlos como accesorios. Escriba frases similares a las siguientes en tarjetas y colóquelas en una bolsa.

Ejemplos de frases:

- Pregunta: "¿Puedo jugar contigo?".
- Pregunta: "¿Qué estás haciendo?".
- Pregunta: "¿Puedo jugar ya?".
- Responde: "Eso parece divertido".
- Pregunta: "¿Puedo usar eso cuando termines?".
- Pregunta: "¿Quieres jugar?".
- Pregunta: "¿Te gustaría jugar con esto ahora?".
- Pregunta: "¿A qué quieres jugar?".
- Responde: "Puedes jugar primero".
- Pregunta: "¿Quieres jugar conmigo?".

Después de que el niño saque una tarjeta, léala usted mismo o pídale al niño que la lea en voz alta. Dígale que escoja un juguete y que luego se acerque a otro niño para que lea la tarjeta. Ambos niños pueden representar brevemente una escena donde estén participando en el juego. Fomente los intercambios y permita que el juego continúe por un corto tiempo ayudando y colaborando si es necesario. El niño que se acercó puede tomar la siguiente tarjeta y acercarse a un niño diferente. Continúe con el juego hasta que cada niño haya tenido su turno para sacar una tarjeta.

¿Qué puedes hacer?

Presente una situación problemática a los niños relacionada con el juego y hable sobre las posibles soluciones con todo el grupo. Luego divida a los niños en grupos pequeños de dos a cuatro personas. Pídale a cada grupo que decida sobre una manera de ayudar a resolver el problema. Supervise el comportamiento de los grupos y guíelos en sus discusiones según sea necesario. Permita que los grupos hablen unos tres o cuatro minutos sobre el problema. Luego haga que los grupos se turnen para presentar sus ideas a todo el grupo. Utilice los siguientes ejemplos de problemas que ocurren durante el juego o invente los que le parezcan mejor.

Ejemplos: Un niño ofendió a otro poniéndole un mal apodo, trató de controlar el juego, empujó a otro que estaba en la fila esperando su turno para el rodadero, tomó algo que otro niño estaba usando, quiso poner reglas diferentes en el juego, dejó de participar antes de que se acabara el juego.

Posibles soluciones: Dígales a los niños que hay varias respuestas apropiadas. Entre otras opciones, se pueden incluir las siguientes: decirle a la persona cómo se sienten, ignorar lo que el niño hizo, hablar con un adulto, pensar en una manera de ser amigable la próxima vez que vean a ese niño, recordarle al niño con calma sobre las reglas y sonreír. Recuérdeles a los niños que siempre es mejor "tratar a los demás de la misma manera como queremos que nos traten" y no responder de forma desagradable.

Tengo muchos amigos

Pida a los niños que coloquen sillas en un círculo (colocando una silla menos del número de niños que participan). Invite a uno de ellos a pararse en el centro del círculo mientras los otros se sientan. Pídale al niño que está de pie que piense en su actividad favorita (por ejemplo, jugar a "la lleva" en el recreo). Luego, pídale que diga: "Tengo muchos amigos a quienes les gusta jugar a "la lleva" en el recreo". A quienes les gusta jugar a "la lleva" saltan y se unen al niño que está parado en el centro. Luego, todos compiten por una nueva silla y el que se queda de pie es quien va a hablar a continuación. Si es necesario, ayúdeles con otras ideas de juegos (por ejemplo, construir torres, vestirse, montar en columpios, jugar con cartas). Durante o después del juego, hable sobre las actividades que mencionaron y sobre los niños a quienes les gustó cada actividad. Ayúdelos a reconocer que hay muchos amigos a quienes pueden invitar a jugar y hable sobre las maneras en que podrían formar grupos y jugar juntos.

Mural de "Somos amigos"

Materiales: Los nombres de los niños escritos en hojas de papel; papel de dibujo, crayones o marcadores, lápices o bolígrafos.

Coloque los nombres en una bolsa u otro contenedor. Pida que cada niño saque el nombre de otro niño en el grupo. (Si su grupo tiene un número impar de niños, seleccione el nombre de un niño que sacará dos nombres de la bolsa). Diga: "Vamos a hacer un mural que muestra cómo podemos jugar con diferentes amigos. Dibújense en su hoja jugando con el amigo que sacaron de la bolsa". Cuando los niños hayan terminado de dibujar, pídales que escriban (o que le dicten) la descripción de lo que están haciendo con sus amigos en los dibujos. Las imágenes pueden representar el juego real o imaginado. Cada niño aparecerá en dos imágenes; una dibujada por el niño y otra por un compañero. Muestre las imágenes como un mural en el tablero o sobre la pared. Bautice el mural con la frase "Somos amigos".

Otras sugerencias para ayudar a los niños a participar y jugar

Fomente las sonrisas y las carcajadas. El humor es una parte importante del sano crecimiento social y emocional de los niños. Participe y motívelos a hacer adivinanzas y bromas, a vestir con ropa graciosa, a hacer expresiones y voces exageradas. Disfruten riendo juntos en los momentos apropiados. Los niños que desarrollan el sentido del humor también desarrollan la confianza y la empatía por los demás, que son rasgos importantes para hacer amigos. Los niños que pueden reírse y divertirse en diferentes situaciones atraen a otros niños. Muchos conflictos también se pueden evitar a veces con el humor o una sonrisa.

Estimule y refuerce el juego abierto. Anime al niño o al grupo a ser amable con todos los niños, en especial con aquellos que son nuevos o que están buscando un amigo. Aplauda la amistad, esperar el turno de forma voluntaria y las actitudes positivas. Proporcione un ambiente agradable en la casa para que el niño juegue con amigos y esté disponible para guiarlos a jugar en cooperación. Aliéntelos a dar la bienvenida a los recién llegados en la escuela, a iniciar el juego con diferentes amigos y los ya conocidos y a ser creativos para encontrar maneras de invitar e incluir a otros en el juego.

Acknowledgments

I wish to thank Meredith Johnson for her beautiful illustrations. I also thank Judy Galbraith and all those at Free Spirit who believed in this series. Special thanks go to Marieka Heinlen for the lovely design and to Margie Lisovskis who, as editor, has contributed her wonderful expertise and creativity. Finally, I am grateful to Mary Jane Weiss, Ph.D., whose insight, skill, and caring have done much to advance the field of teaching social skills.

Agradecimientos

Deseo agradecer a Meredith Johnson por sus hermosas ilustraciones. También a Judy Galbraith y a todos aquellos en *Free Spirit* quienes han apoyado esta serie. Un agradecimiento muy especial a Marieka Heinlen por su encantador diseño y a Margie Lisovskis, quien, como editora, ha contribuido con su maravillosa experiencia y creatividad. Finalmente, agradezco a Mary Jane Weiss, Ph.D., cuya visión, habilidad y cuidado han contribuido en gran medida al progreso en el campo de la enseñanza de las aptitudes sociales.

About the Author

Cheri J. Meiners, M.Ed., has her master's degree in elementary education and gifted education. The author of the award-winning Learning to Get Along® social skills series for young children and a former first-grade teacher, she has taught education classes at Utah State University and has supervised student teachers. Cheri and her husband, David, have six children and enjoy the lively company of their grandchildren.

Acerca de la autora

Cheri J. Meiners, M.Ed., tiene una maestría en Educación Primaria y Educación Dotada. Es autora de la galardonada serie sobre comportamiento social para niños *Learning to Get Along*, fue maestra de primer grado, ha dictado clases de educación en la Universidad Estatal de Utah y ha supervisado a maestros practicantes. Cheri y su esposo, David, tienen seis hijos y disfrutan de la compañía de sus alegres nietos.